Piri 1

Silbenfibel

Erarbeitet von
Cornelia Donth-Schäffer
Gisela Hundertmark
Stephanie Kollatz-Block

Wissenschaftliche Beratung
Prof. Dr. Cordula Löffler
Sybille Werner

Ernst Klett Verlag
Stuttgart · Leipzig

	schreiben		suchen
	Silben schwingen		hören
	Kreuzbögen setzen		sprechen
	ins Heft schreiben		lesen
	Könige markieren		mit der Schreibtabelle verschriften

	Verweis zum Lesetext		Verweis zum Leselexikon
	höheres Anforderungsniveau		

Inhalt

Ich mag. 4
Buchstabenlehrgang · Lesen · Üben

Lesen und schreiben. 22
Buchstabenlehrgang · Lesen · Üben

Wünschen und träumen 42
Buchstabenlehrgang · Lesen · Üben

Reise in die Welt 60
Buchstabenlehrgang · Lesen · Üben

Fühlen und beschreiben 78
Buchstabenlehrgang · Lesen · Üben

Geschichten und Märchen. 98
Buchstabenlehrgang · Lesen · Üben

Das Jahr 116
Lesen

Wörterliste 138
Leselexikon 140
Quellenverzeichnis. 142
Bildverzeichnis 143

Ich mag

KIKA
12.00 Film **Hans Röckle und der Teufel** - Märchenfilm, DDR 1974
13.15 Fortsetzung **13.45** Hydronauten **14.20** Irgendwie Anders
14.30 Siebenstein **15.00** Tabaluga
16.05 1, 2 oder 3 **16.30** Film **Babar – König der Elefanten** - Trickfilm, CDN/F/D 1998 **17.45** Cl. Carton **18.00**
…haun **18.15** Clifford **18.40** Pe-
…erson **18.50** Sandmann **19.00**
…25 Team KI.KA **20.00**

Stundenplan

ZEIT	MONTAG	DIENSTAG	MITTWOCH	DONNERSTAG	FREITAG
1	D	D	D	M	D
2	M	M	M	D	M
3	SP	MU	SU	REL.	MU
4	KU	SP	KU	SU	REL.

Sommer

M m

Ma ro
Lot ta
MO
DI
MI
DO
Fr
Piri Schreibtabelle
Papier
Lasse
Leon
Tim
Paul
Nena
Silas
Lale
OLE
Nena
Jonas
Faruk
Max
Lale
Silas

A a

Hallo, hallo, schön, dass du da bist.
Leon Tim
Max Nena
Sara Maro
A
IEX
A
Lasse
Tülin
Christina
Tim
Alma
Leon
Leon

L l

Alle malen.

Ich
male
ein Lama.

Alma mag
Musik.

Lale mag
Ele.

das Lama

E e

Maro malt eine Alm.

• Und was magst du?

alle

O o

Wohin?
Rollos für Tag und Nacht
Reisebüro
ROM
PERU LAMA
FERIEN ALM
BIO
PAPIER
Fahrradladen
ROLLER 70 €
O, Ole!
Schulstraße
So ein toller Roller.
Oh!
Eis
Maler

die Oma

R r

Oma holt
Maro ab.

der Roller

S s  ist

Maro ist im Tor.

der Sommer

T t 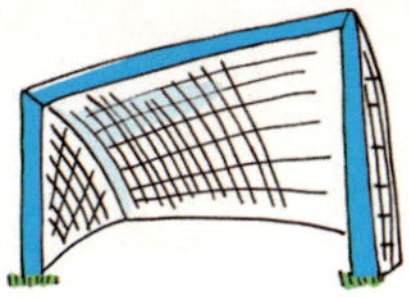

Oma ist mit Lara
am Tor.
Laras Hose ist rosa.
Wo ist Lara?

das Tor

Guten Tag

Guten Tag,
guten Tag,
guten Tag.

Warum so oft?

Weil ich dich mag!

Georg Bydlinski

Piri mag

Lotta

Sommer

Roller

Torte

Tomatensalat

Rosen

Immer Elmar

Elmar, der buntscheckige Elefant, langweilte sich. Es war zwei Tage vor der großen Parade zum Elmars-Tag, dem Tag, an dem alle Elefanten sich mit bunten Mustern schmücken. Die Farben waren fertig angerührt, und die Elefanten überlegten angestrengt, wie sie sich bemalen wollten. Nur Elmar machte sich keine Gedanken. Elmar war der einzige Elefant, der sich zu diesem Fest immer grau anmalte. „Zeit für einen Spaziergang“, sagte er sich.

Unterwegs dachte Elmar nach. „Es ist alles viel zu ruhig hier. Uns fehlt ein Jux. Aber was für einer?“ Er kam an einen Teich und betrachtete sein Spiegelbild. „Hallo Elmar“, sagte er. “Fällt dir etwas ein?“ Dann lachte er. „Danke, eine ausgezeichnete Idee.“ Und er lief zurück zu den anderen Elefanten. Es wurde dunkel, und allmählich schliefen die Elefanten ein.

Nur Elmar war noch wach.
Vorsichtig, ohne die anderen zu wecken,
machte Elmar sich an die Arbeit.
Vor Sonnenaufgang war er fertig
und legte sich schlafen.

Der Elefant, der am Morgen
als erster die Augen aufschlug,
sah seinen Nachbarn an und sagte:
„Guten Morgen, Elmar."
Nach und nach
wachten die Elefanten auf,
und von überall hörte man
„Guten Morgen, Elmar",
Guten MORGEN, Elmar,
„GUTEN MORGEN, Elmar",
„Guten Morgen ELMAR".

In der Nacht hatte Elmar
alle Elefanten mit seinem Muster bemalt.
Jetzt gab es überall Elmars,
und niemand wusste mehr,
wer der echte war, außer Elmar selbst –
aber der verriet es nicht.

David McKee

• Wie wird es weiter gehen?

So schreibe ich in mein Heft

1. Maro hat ein neues Heft.

2. Er schreibt von links nach rechts.

3. Wenn die Reihe voll ist, schreibt er wieder von links nach rechts,

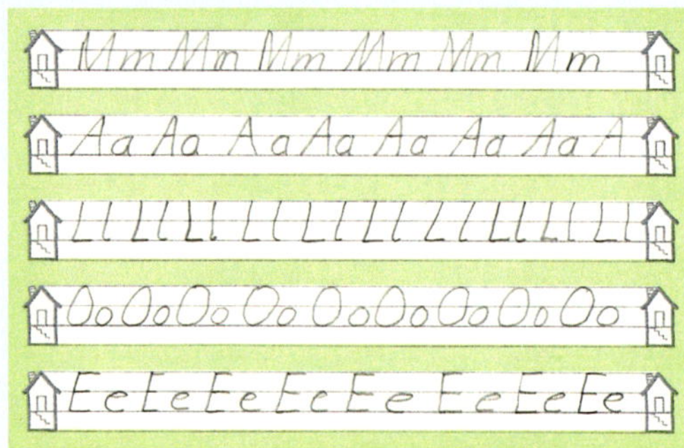

von oben nach unten.

4. Wenn die Seite voll ist, blättert er um.

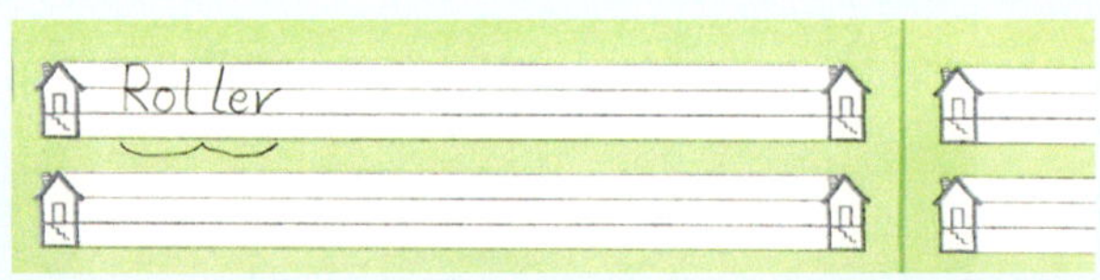

5. Oben links geht es weiter.

Wörter legen

Ma

ma

ler

ro

O

Rol

Som

mer

❶ Schreibe auf Karten.

Ma ro

Som mer

Rol ler

O ma

❷ Lege.

❸ Sprich und schwinge.

Maro

❹ Schreibe in dein Heft.

Ich mag

Ein Herz für dich:

1. Nimm ein Blatt Papier.
2. Falte es in der Mitte.
3. Male ein halbes Herz.
4. Schneide es aus.

Finde Elmar

1 Mache für jedes Elmar und ELMAR einen Strich.
Kannst du schon zählen? S. 16/17

Elmar	ELMAR
| |	

Es sind 15 Elmar und 1 ELMAR.

Ein Elmar-Licht ist toll.

Du brauchst:
ein Glas,
buntes Transparentpapier,
eine Schere,
Kleber,
ein Teelicht.

Mit einem Teelicht leuchten die Farben.

Lesen und schreiben

Mama und ich

meine Klasse

Lotta, Nena und Ole und ich

im Buchladen

Papa

Eis essen

N n

Alle lesen.

Maro malt ein Eis.

Nena malt Elmar.

Lotta liest ein neues Buch.

Lars kocht eine Nudelsuppe.

Er schaut in das Rezept, damit er nichts vergisst.

der Name   lesen

Ei ei

der Eimer   ein   eine

U u

und

Urmel lernt lesen.
Urmel und Piri lesen: Blume.

unter bunt

B b 

Die anderen Tiere wollen heute nicht lernen.

Wawa und Ping suchen eine schöne Muschel.

Schusch besucht seinen Freund, den Seele-Fant.

Wutz ist in der Küche und backt einen Kuchen.

das Bein   aber

Ch -ch

Alle machen ein Buch.
Lotta macht ein Buch mit Christina.

Maro macht Unsinn.
Alle lachen.

das Buch machen

Lotta und Christina
freuen sich auf morgen.

In der Vorlesestunde dürfen sie
ihr Buch vorstellen.

ich mit

F f

Ein Klassenfoto

Fast alle lachen.
Faruk lacht nicht.
Er möchte nicht auf das Foto.
Alle rufen: Piri!

die Farbe   rufen

K k

Lottas Fotos

Lotta ist noch klein.

Lotta ist
sauer.

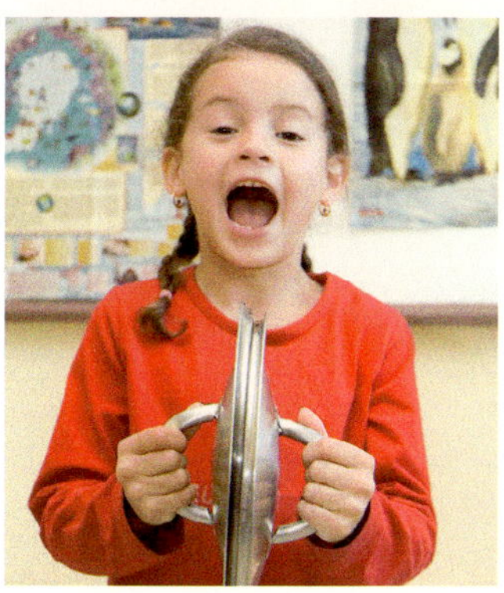

Lotta
macht
Musik.

die Klasse kommen

Lotta und Maro
kommen aus dem Kino.

Maro malt Unsinn

Lotta und Maro malen.

Maro malt nur Unsinn.

Er malt ein Ufo

mit Armen und Beinen.

Er malt einen Elefanten

mit einem rosa Roller

und eine Ente

mit einem bunten Ei.

Lotta lacht.

Stephanie Kollatz-Block

Ein Hase, der gern Bücher las

Ein Hase, der gern Bücher las,
fand ein dickes Buch im Gras.
Er setzte sich ins Gras und las
das dicke Buch, im Buch stand das:
Ein Hase, der gern …

Josef Guggenmos

Alle machen ein Buch

Der Autor denkt sich eine Geschichte aus und schreibt sie auf.

Im Verlag plant der **Verleger** das Buch.

Der **Lektor** überarbeitet den Text.

Der **Illustrator** malt Bilder zu Geschichten.

Der Drucker druckt
die Seiten mit einer
großen Druckmaschine.

Der Buchbinder macht
aus den fertigen Seiten
ein Buch.

Der Buchhändler verkauft
Bücher im Buchladen.

Das kleine Ich-bin-ich

*Das kleine bunte Tier ist sehr traurig.
Niemand kann ihm sagen, was für ein Tier es ist.
Es fragt den Frosch, die Pferdemutter, die Fische,
die Möwen, das Nilpferd, den Papagei und die Hunde.
Aber keins der anderen Tiere kann ihm weiterhelfen.*

Durch die Stadt und durch die Straßen
geht das bunte Tier spazieren;
geht – und denkt so vor sich hin:
„Stimmt es, dass ich gar nichts bin?
Alle sagen, ich bin Keiner,
nur ein kleiner
Irgendeiner…
Ob`s mich etwa gar nicht gibt?
Bin kein Fisch, kein Pony und
auch kein Nilpferd und kein Hund,
nicht einmal ein Hundefloh – ooo!“
Und das kleine bunte Tier,
das sich nicht mehr helfen kann,
fängt beinah zu weinen an.
Aber dann…

Aber dann bleibt das Tier mit einem Ruck,
mitten im Spazierengehen,
mitten auf der Straße stehen,
und es sagt ganz laut zu sich:
„Sicherlich
gibt es mich:

ICH BIN ICH!“

Mira Lobe

So kann ich die Lernwörter üben

Lies das Wort.

Sprich das Wort in Silben.

Achte auf schwierige Stellen.

Verdecke das Wort.

Schreibe das Wort auswendig auf.

Überprüfe, ob du alles richtig geschrieben hast.

1 Übe die Lernwörter. Du findest sie immer unten auf den Buchstabenseiten.

Jede Silbe hat einen König

Tonne   Roller   Kasse

1 Schwinge und schreibe.
Markiere die Könige.

2 Schwinge und schreibe.
Markiere die Könige.

3 Turne mit den Fingern.

Maro macht ein Buch

❶ Mache ein Buch.

Wünschen und träumen

Sch sch 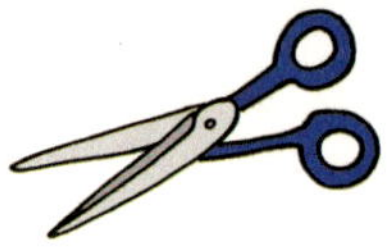

Lottas Traum

Lotta soll schreiben.
Aber Lotta träumt. Auf einmal
erscheint ein Monster mit acht Armen.

Das Monster hat auch ein breites Maul.
Lotta schaut.

die Schule schreiben – er schreibt

Au au

Aber Lotta hat Angst.

Das Monster schnauft und sabbert.

Nun reicht es Lotta aber. Lotta ist sauer.

Lotta schreit: Schluss! Aus der Traum.
Das grässliche Monster ist endlich weg.
Nun kann Lotta schreiben.

der Traum – die Träume   träumen

W w

Ein Wunsch ist frei

Es ist Nacht. Maro ist in seinem warmen Bett. Er will schlafen. Auf einmal ist eine kleine Fee auf seinem Kissen. „Nanu!“, ruft Maro, „träume ich?“ „Ich bin eine Fee“, meint Maros Besuch. „Mein Name ist Elani. Nenne mir einen Wunsch!“ Ach, Maro fallen allerlei Sachen ein: ein Buch, ein Meerschweinchen, ein Roller, ein Auto, eine Lok, ein Wasserball, ein Computer, eine Playstation, was soll er sich nur aussuchen?

„Wach auf Maro, wach auf!“, ruft Lukas. Elani ist fort. War alles nur ein Traum?

der Wunsch – die Wünsche wollen – er will

Ü ü

Alle müssen üben

Ich will besser kochen.
Also übe ich oft in der Küche.
Mein Tomatensalat schmeckt richtig gut.

Ich will besser Musik machen.
Jeden Tag übe ich Geige.
Es ist nicht immer leicht.

Ich will schneller lesen.
Manche Buchstaben kann ich schon,
manche noch nicht.
Meine Oma übt mit mir.

üben – er übt   müssen – er muss

D d

Im Weltall

Neil Armstrong

Der erste Mensch auf dem Mond war Neil Armstrong. Er war Astronaut. Mit einer Rakete durfte er im Juli 1969 ins Weltall düsen.

Man nennt das Weltall auch den Kosmos. Keiner weiß, wo das Weltall zu Ende ist. Es ist über 20 Milliarden Jahre alt.

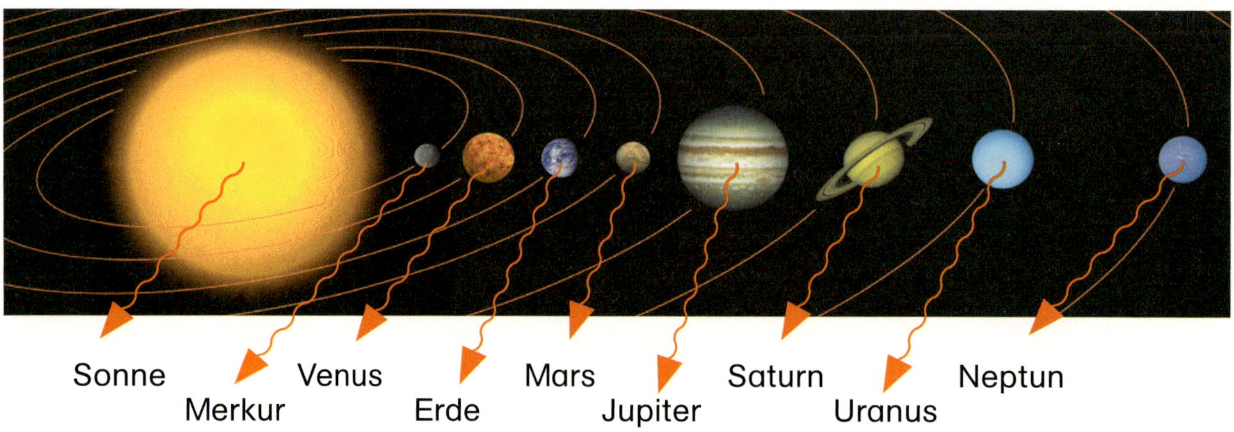

die Dose   der Mond – die Monde

J j

Thomas Reiter ist ein deutscher Astronaut. Er war fast ein halbes Jahr im Weltall. Dort lebte er in einem Raumschiff.

Thomas Reiter

Im Weltall ist alles schwerelos. Im Raumschiff schweben alle Sachen und fallen nicht einfach nach unten. Jeder Astronaut muss sich anbinden. Erst jetzt kann er ordentlich arbeiten.

der Juli   jeder

Unsere Träume

Es ist leise. Keiner lacht.
Im CD-Player ist eine CD.
Maro lauscht.
Musik ist im Klassenraum, leise Musik.
Frau Sauer macht mit der Klasse
eine Traumreise: Ole träumt.
Er ist auf einer Insel im blauen Meer.
Alma träumt auch. Oma kauft Lutscher,
rosa, rote, blaue ….
Maro baut mit Lukas einen Turm.
„Aufwachen“, flüstert Frau Sauer.
Alle werden wach.
Nun ist Pause.

Nur Nenas Augen sind noch geschlossen.
Sie sitzt im Sattel
und reitet auf einem Pony
über ein Stoppelfeld.

Gisela Hundertmark

- Welchen Traum findest du am besten?
- Male deinen Traum.

Im Zauberwald

Wenn du schläfst,
wachsen dir Flügel,
aber wenn du in den Zauberwald fliegst,
und einen Drachen siehst,
fürchte dich nicht.
Neben dem Drachen im Schnee
wohnt eine Fee
und wacht über dem Baum
mit den goldenen Nüssen.
Und von diesen Nüssen
wird sie dir
eine schenken müssen.

Max Bolliger

Mein Jo-Jo oder dein Jo-Jo?

Lasse wundert sich. Sein Jo-Jo ist nicht da.
Er sucht sein Jo-Jo auf dem Boden, in der Tasche
und unter dem Tisch, aber er findet es nicht.
„Mist!“, denkt er und läuft auf den Flur.
Dort tut Jonas etwas in seine Schultasche.
Was war das? Etwa sein Jo-Jo?
„Das ist mein Jo-Jo, Jonas!“, ruft Lasse sofort.
„Das ist nicht dein Jo-Jo, sondern meins!“,
schreit Jonas und rast los. Lasse läuft Jonas nach.
„Das ist meins!“, brüllt er.
Lasse schubst Jonas.
Ein Kind ruft seinen Namen:
„Ist das dein Jo-Jo, Lasse?“

Gisela Hundertmark

- Was soll Lasse nun machen?

Stinktier-Gedicht

Ein Stinktier will ich heute sein!
Ich stink herum und fühl mich fein.

Die Dusche hab ich zugeklebt,
das Wasser hab ich abgedreht.

Die Seife habe ich verschenkt.
Das Handtuch hab ich abgehängt.

Die Bürste habe ich zerbrochen
und bin ins Bett zurück gekrochen.

Jetzt stink ich leise vor mich hin
wie eine Stinke-Königin.

Sylvia Keyserling

Träumst du auch von einem Freund…

Pauli läuft allein durch die Straßen.
Alles grau um mich herum, denkt er.
Fad und öd und ganz schön blöd.

Wenn ich nur einen richtigen Freund hätte,
einen Freund, der gern Piratentauchen spielt,
der mit mir zum Zahnarzt geht,

der mit mir das Fliegen lernt,
mit dem ich ein Geheimnis hab,
der mich in der Not beschützt,
dem ich meinen Drachen leih,
der sich bei Tante Agathe frech sein traut,
der eine Menge Spaß versteht,
mit dem ich alles teilen kann,
mit dem ich auch streiten kann,
den ich manchmal trösten kann.

So träumt Pauli vor sich hin…

Erhard Dietl

So wünsche ich mir meine Klasse

Alle sind leise.

Manchmal dürfen wir flüstern.

Ich höre zu, wenn andere reden.

Ich lasse andere ausreden.

Ich achte auf andere Kinder.

Keiner schubst.

Alle suchen

Wo ist Lasses Jo-Jo?
Wo ist Almas Schlüssel?
Wo ist Piris Ball?
Wo ist Maros Dose?
Wo ist Nenas Lineal?

❶ Schreibe.

auf der Bank | in der Tasche | unter dem Tisch

auf dem Regal | neben dem Eimer

Lasses Jo-Jo ist auf der Bank.

Almas Schlüssel ist...

Wir basteln eine Rakete S. 48/49

Das brauchst du:

1. Schneide und klebe.

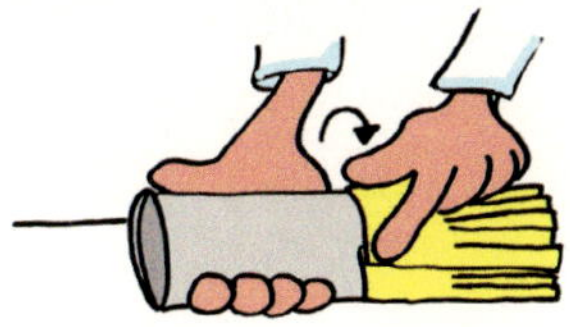

2. Beklebe deine Rolle.

3. Schneide einen Kreis aus.

4. Schneide bis zur Mitte.
   Schiebe die Enden übereinander,
   bis du eine Spitze hast,
   die auf die Rolle passt.
   Klebe beide Enden aufeinander.

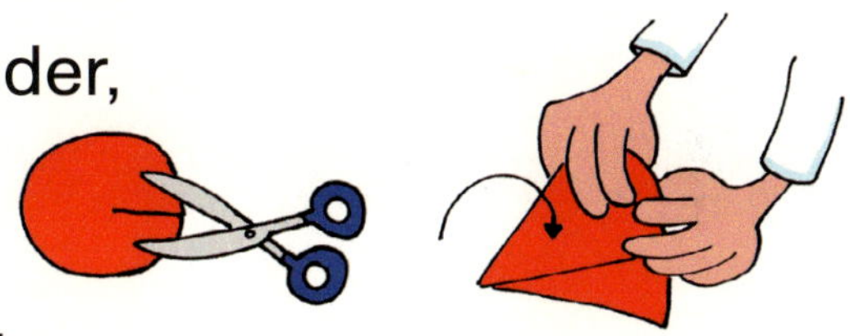

5. Klebe die Spitze oben auf deine Rolle.

Deine Rakete ist nun startklar.

Reise in die Welt

EUROPA
ASIEN
AFRIKA
AUSTRALIEN

P p

Aus der Türkei

Maros Opa und Maros Oma
sind in der Türkei.
Nun ist eine Postkarte da.
Maro kann schon lesen,
was Opa schreibt.

Lieber Maro,
wir machen Ferien in
der Türkei. Alles ist prima.
Das Wetter ist gut und
das Meer ist richtig warm.
Das Essen ist auch super.
Morgen wollen wir
auf einen Berg klettern.

Bis bald!
Dein Opa und Deine Omi

An
Maro Paulsen
Bachstraße 11
37647 Polle
Deutschland

die Puppe

pusten

G g

Maro trifft
seine Freundin Tülin.
Tülins Eltern kommen
aus der Türkei.

„Ist das türkische Essen wirklich so gut?“, fragt Maro.
„Alles schmeckt gut, aber am liebsten
mag ich Jogurtsoße mit Gurken“, antwortet Tülin.

„Ich lade dich ein.
Besuche mich morgen!
Dann gibt es türkisches Essen.“

die Gurke geben – er gibt

Kinder aus aller Welt

Koree!
Mein Name ist Mukama.
Ich komme aus Namibia
in Afrika.
Es ist das Königreich
der Löwen und Elefanten.

你好 'Ni hao'!
Mein Name ist Sun.
Mit meiner Familie lebe ich
in einem Dorf in China.
Uns gehört ein kleines Reisfeld.
Wir können uns jeden Tag
satt essen.

der König – die Könige können – er kann

Y y

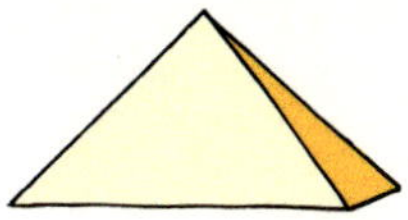

Привет! Priwét!
Mein Name ist Lydia.
Ich komme aus Moskau
in Russland.
Ich mache gern Gymnastik.
Mein Teddy ist immer dabei.

Good day!
Mein Name ist Timmy.
Ich komme aus Australien.
Wir leben in einer einsamen
Gegend.

Ein typischer Baum ist
der Eukalyptusbaum.

der Teddy   die Pyramide

ß 

Lassi – für den großen Durst

In Indien trinkt man gern Lassi.
Das ist ein süßer Jogurttrunk.
Lassi erfrischt prima.

Für Lassi braucht man:

4 EL Zucker
1/4 Liter kaltes Wasser
500g Jogurt
Jogurt, Wasser und Zucker werden mit einem Schneebesen vermischt, so lange, bis alles schaumig ist.
Eiswürfel dazu geben und naschen…

Man kann Lassi mit frischem Obst mischen.
Maro und Lotta mögen Erdbeer-Lassi.

der Fuß – die Füße süß

Eu eu

Der neue Schüler

Samir ist neu in der Klasse. Er kommt aus Indien. Seit neun Tagen ist er in Deutschland. Samir ist allein auf dem Schulhof. „So ein blöder Tag“, denkt er, „alle meine Freunde sind weit weg.“ „Na, Samir“, sagt ein Kind. Scheu schaut Samir das fremde Mädchen an. „Fußball?“, fragt Sara. Samir sagt leise: „Fußball“. „Alles klar, Leute!“, ruft Sara, „Samir spielt mit!“

der Freund – die Freunde

Zungenbrecher

Pippis Papagei plappert papperlapapp,
papperlapapp plappert Pippis Papagei.

Kater Karlo knabbert Kuchenkrümel,
Kuchenkrümel knabbert Kater Karlo.

Gregors Ganter grübelt gern,
gern grübelt Gregors Ganter.

Scheue Eulen schnarchen schaurig schön,
schaurig schön schnarchen scheue Eulen.

- Lies die Zeilen erst leise, dann laut.
- Lies die Zeilen so schnell wie möglich einem anderen Kind vor.
- Schreibe einen Zungenbrecher ab und male dazu.

Pippi in Taka – Tuka – Land

Pippi Langstrumpf ist das stärkste Mädchen der Welt.
Sie wohnt in Schweden in der Villa Kunterbunt.

In dieser Geschichte reist Pippi
mit ihrem Vater Efraim in die Südsee.

Am Strand standen alle Taka-Tuka-Bewohner,
um den König und seine Tochter zu begrüßen.

„Ussamkura kussomkara!“, wurde gerufen
und das bedeutete:

„Willkommen, dicker weißer Häuptling!“
König Efraim erhob die Hand zum Gruß und schrie:
„Muoni manana!“
Und das hieß: „Servus, hier bin ich wieder.“

nach Astrid Lindgren

Kinder einer Welt

Ein Himmel, eine Sonne, ein Mond, eine Welt für alle.

Michael Foremann

Laura

Laura ist ein Kind
wie alle anderen.
Doch ihre Augen sind schräger und
es sieht immer ein bisschen so aus,
als ob sie lächelt.

Weil Laura ein Mädchen
mit Down-Syndrom ist,
besucht sie eine besondere Schule.

Aber seit kurzem geht Laura
einmal in der Woche
in die Grundschule.

Und siehe da,
es gibt Dinge,
die Laura viel besser kann
als die anderen Kinder!

Florence Cadier/Stephane Girel

Maros Bruder Lukas
ist ein Kind wie Laura.

Nisse bekommt ein Paket

Für Nisse ist ein Paket von seinem Onkel aus Schweden bei der Post. Nisse freut sich. Er möchte wissen, was in dem Paket ist. Karin und Putte auch.

Karin und Putte laufen mit Nisse mit. Es ist nicht weit.

Drinnen in der Post ist es kühl, und überall sind Pakete. „Hoffentlich ist es ein großes Paket!“, sagt Putte. Nisse überlegt, welches wohl sein Paket ist.

„Ui, ui, ui“, sagt Karin. Nisse bekommt sein Paket. Das Paket ist groß. Was für ein Glück, dass das Paket leicht ist.

„Ach du meine Güte!“, sagt Mama. Da sind eine Menge Knoten. Nisse muss das Band durchschneiden. Ist denn nur Papier im Karton? Nein, da ist noch etwas.

Es ist ein Globus! Mit Kabel! Es muss dunkel sein, wenn man den Globus anknipst. Damit er auch richtig leuchtet. „Wir müssen deinem Onkel schreiben und uns bedanken“, sagt Mama.

Olof und Lena Landström

So schreibe ich eine Postkarte

An wen schreibe ich?

Abendstimmung an der See

Mein Maro,
ich bin mit meiner
Familie an der See.
Alles ist schön.
Wir bauen immer
Burgen. Bis Montag
deine Lotta

See 566

Warum schreibe ich?

Wer schreibt?

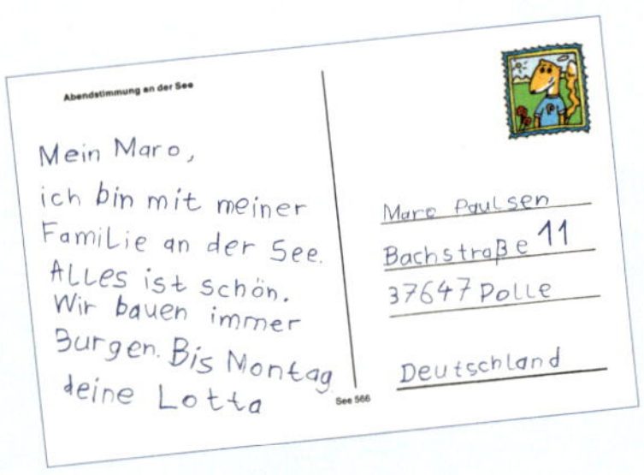

Porto! Sonst kommt meine Karte nicht an.

Nachname

Hausnummer

Vorname → Maro Paulsen

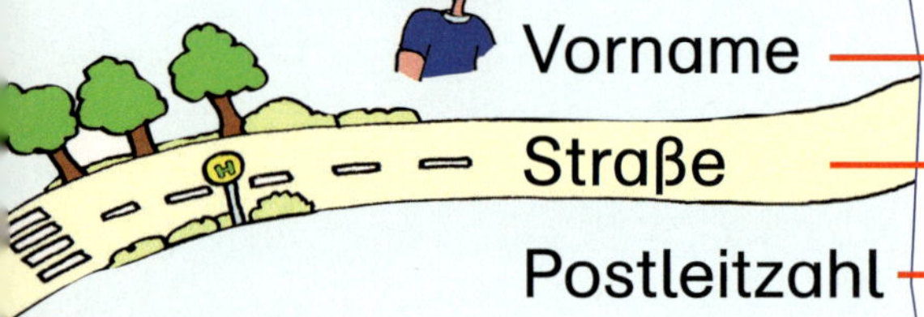

Straße → Bachstraße 11

Postleitzahl → 37647 Polle ← Wohnort

Deutschland

See 566

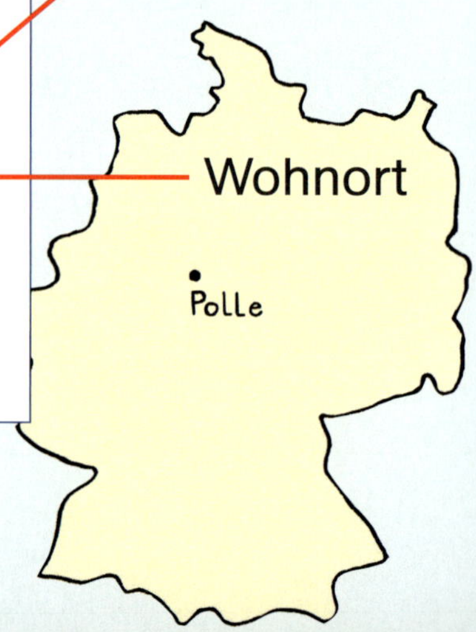

Eine Postkarte basteln

Man braucht:

ein Blatt Tonkarton,
Stifte,
ein Lineal.

Ich falte den Tonkarton
einmal an der langen Seite.
Das ist die Mitte.
Mit dem Lineal
ziehe ich einen Strich
von oben nach unten.

Auf die rechte Seite
kommen Linien
für Namen und Adresse.

Auf der linken Seite
schreibe ich.

Auf die andere Seite
male ich ein schönes Bild.

Wer ist wo?

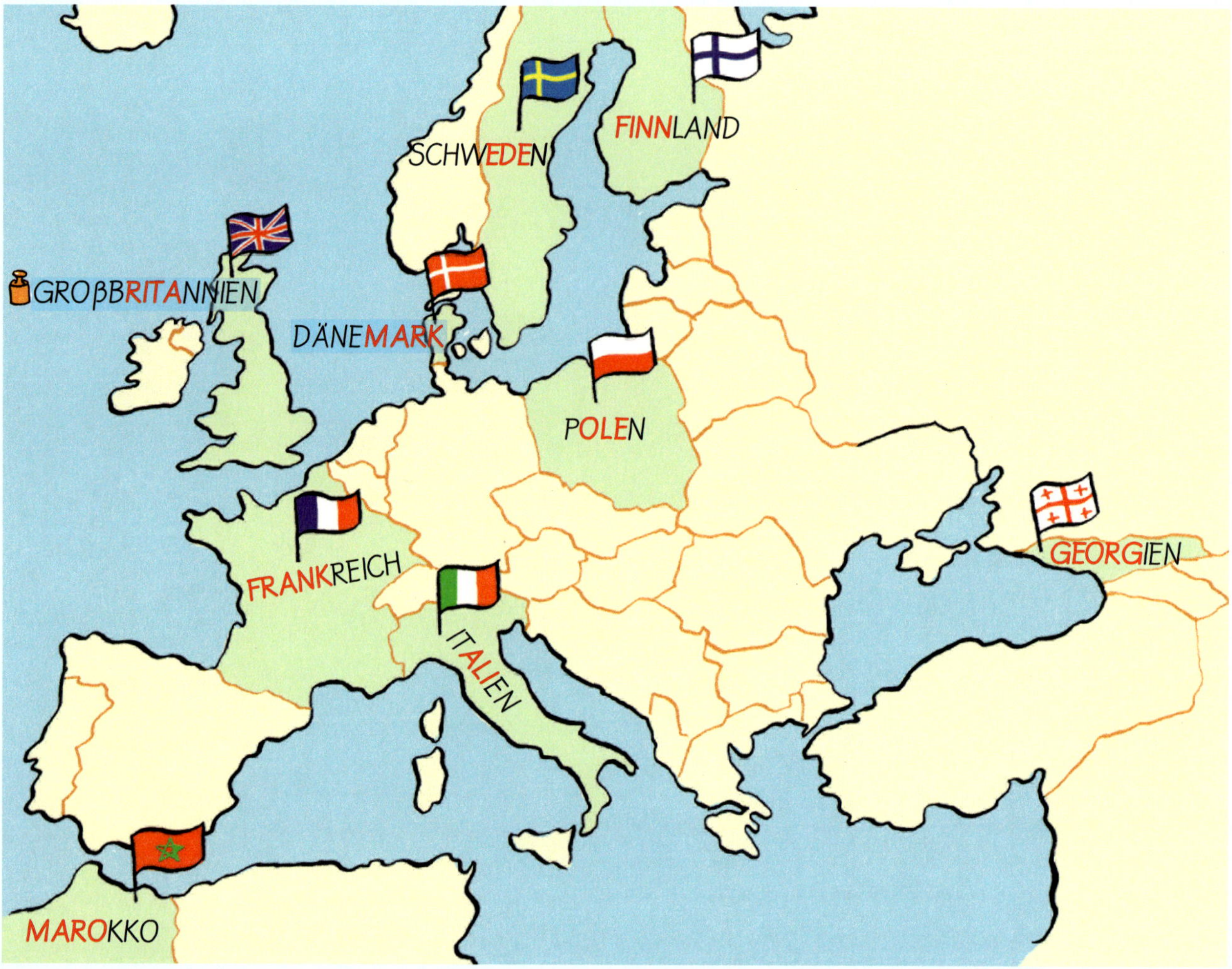

1 Welche Namen findest du auf der Landkarte?

Ole ist in Polen.

2 Male die Landesflagge daneben.

Ole ist in Polen.

Kinder aus aller Welt

S. 64/65

	Ja	Nein
Sun kommt aus China.	REI	BAU
Lydia lebt in Afrika.	PA	SE
Namibia ist das Königreich der Läuse.	MOF	KOF
Eukalyptusbäume gibt es in Australien.	FER	PE

❶ Lies. Was ist richtig, was ist falsch?

❷ Schreibe. Die richtigen Silben ergeben das Lösungswort.

Fühlen und beschreiben

-ie

Das Wiesel

Das Wiesel ist ein Raubtier. Ein Wiesel kann so groß werden wie ein Kater. Meistens wird es nur 13 bis 15 Monate alt. Es lebt am Waldrand. Im Winter kommt es manchmal in Häuser. Ein Wiesel frisst sehr viel. Nachts macht es Jagd auf Mäuse und Vögel. Ein Wiesel frisst auch gerne Beeren. Das bekannteste Wiesel ist das Hermelin. Könige ließen sich aus seinem Winterfell schöne Mantelkragen machen.

das Wiesel   das Tier   sie

Pf pf

Pferde brauchen Pflege

Pferde und Ponys
leben am liebsten
auf einer großen Weide.
Sie sind nicht gern allein.
Damit Pferde gesund bleiben
brauchen sie Pflege.
Pferde genießen es,
sanft gebürstet zu werden.
Vor und nach jedem Ausritt
muss man die Hufe auskratzen.
Im Stall muss jeden Tag ausgemistet werden.
Danach kommt frisches Stroh auf den Boden.

das Pferd – die Pferde

pflegen

H h 

Haustiere

Hase

Löwe

Hund

Wildschwein

Hirsch

Hamster

Wellensittich

- Welches ist ein Haustier?
- Hast du ein Haustier?

der Hund – die Hunde   haben – er hat

-ng 

Schlangen

Schlangen haben keine Füße.
Aber sie können sich sehr schnell bewegen.
Es gibt Giftschlangen und Würgeschlangen.

Giftschlangen haben lange Vorderzähne mit Giftdrüsen.
Mit ihrem Gift betäuben sie ihre Beute.
Würgeschlangen ersticken und erdrücken ihre Beute.
Schlangen kauen ihre Beute nicht, sondern schlingen sie hinunter.
Schlangen sind nicht glitschig.
Ihre Haut ist trocken.

die Schlange   singen

Z z 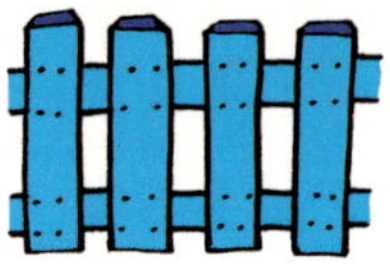

Beim Zahnarzt

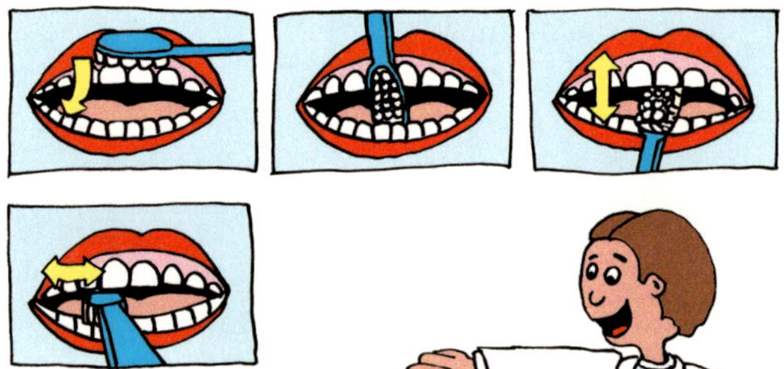

Lotta ist aufgeregt. Sie ist zum ersten Mal beim Zahnarzt.

Der Zahnarzt ist sehr nett. Er zeigt Lotta erst alles.

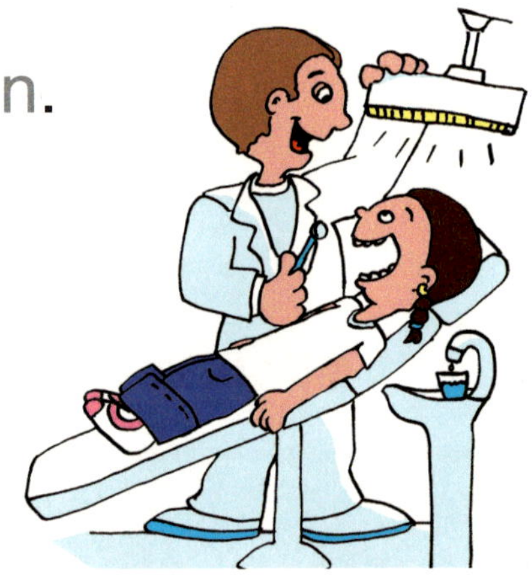

Sie muss den Mund aufmachen. Der Zahnarzt schaut sich jeden Zahn genau an. Er ist zufrieden. Lotta hat kein Loch und ihr Zahnfleisch ist ganz gesund.

In einem halben Jahr soll Lotta wiederkommen. Sie freut sich schon darauf.

der Zahn   ziehen

-ck

Maro hat einen Wackelzahn

Maro wacht auf. Er hat ein komisches Gefühl im Mund. Etwas ist anders. Maro fühlt mit seiner Zunge. Er hat einen Wackelzahn. Schnell rennt er in die Küche. Mama sagt: „Du musst immer wieder daran wackeln, dann wird er ganz schnell locker.“ Papa fragt: „Soll ich einmal an deinem Wackelzahn ziehen?“ Maro überlegt. „Nein“, antwortet er. „Zuerst möchte ich frühstücken.“ Maro nimmt ein knuspriges Brot, beißt hinein und …

der Zucker   wackeln

Sp sp

Spiel und Sport

Heute macht die Schule besonders Spaß. Alle machen mit beim Spiel- und Sporttag. Es gibt acht Stationen. Wer die Station geschafft hat, bekommt einen Stempel auf seine Karte. Am Ende erhalten alle eine Urkunde.

das Spiel   spielen

St st

Name:	
50 m-Sprint	
Weitsprung	
Weitwurf	
Staffellauf	
Standsprung	
Stiefelweitwurf	
Stangenlauf	
Sackhüpfen	

- Findest du die Stationen?

der Stock – die Stöcke still

Die Muschel hat das Meer gefangen

Als gestern die Wellen
am schönsten sangen,
da hat die Muschel
das Meer gefangen!

Seid ganz still und lauscht,
wie es in ihr rauscht!

Josephine Hirsch

Das leise Gedicht

Wer mäuschenstill am Bache sitzt,
kann hören, wie ein Fischlein flitzt.

Wer mäuschenstill im Grase liegt,
kann hören, wie ein Falter fliegt.

Wer mäuschenstill im Bette lauscht,
kann hören, wie der Regen rauscht.

Wer mäuschenstill im Walde steht,
kann hören, wie ein Rehlein geht.

Wer mäuschenstill ist und nicht stört,
kann hören, was man sonst nicht hört.

Alfred Könner

Die Theaterkatzen

Katz und Kater
gingen ins Theater.
In die erste Reihe
setzten sich die zweie.
Fingen an zu flüstern,
fingen an zu knistern,
fingen an zu nuscheln,
fingen an zu tuscheln,
fingen an zu husten,
fingen an zu prusten.
Ruhe da, was fällt euch ein!
Wollt ihr wohl mal stille sein?
Oh, da warn sie leise,
leise wie zwei Mäuse.
Fünf Minuten dauert´s bloß,
und dann ging es wieder los:
wieder mit dem Flüstern,
wieder mit dem Knistern,
wieder mit dem Nuscheln,
wieder mit dem Tuscheln,
wieder mit dem Husten,
wieder mit dem Prusten.

Unverschämtes Viehzeug hier:
Fort mit euch und vor die Tür,
dann ist´s mit dem Krach vorbei!
Und sehr plötzlich, eins-zwei-drei
flogen Katz und Kater
raus aus dem Theater.

Christa Wisskirchen

- Spielt das Gedicht.

Conni lernt reiten

Endlich ist es soweit: Connis erste Reitstunde. Den ganzen Vormittag hat sie sich schon darauf gefreut. Zuerst übt sie das Aufsteigen. Aber – Conni ist ganz enttäuscht – mit einem Holzpferd! Conni muss den linken Fuß in den Steigbügel stellen. Dann stößt sie sich mit dem rechten Fuß ab und schwingt ihn über den Pferderücken.

Nun muss sie langsam in den Sattel gleiten. Auch die Zügel richtig zu halten, ist nicht einfach. Sie sind gar nicht zum Festhalten da, sondern nur zum Lenken. Conni ist stolz, als sie fest und sicher im Sattel sitzt. Ob sie es bei einem echten Pferd auch so gut schaffen wird?

Doch dann geht es endlich in die Reithalle.
Conni darf auf der gutmütigen Flecki reiten,
die sie schon bei ihrem ersten Besuch auf dem Reiterhof
kennen gelernt hat.
Das Aufsitzen klappt auch prima.
Die freundliche Reitlehrerin Silke gibt Anweisungen
für das Reiten:
„Gerade halten! Beine locker! Kopf hoch! Hände ruhig!
Nicht an den Zügeln festhalten!“
Conni hat viel zu tun, um all die Anweisungen zu befolgen
und im Sattel zu bleiben.
Ihr Fuß rutscht aus dem Steigbügel und
als sie danach angelt,
fällt sie beinahe herunter.
Reiten ist doch nicht so einfach!

Liane Schneider

So kann ich ein Gedicht lernen

Mein Ball

Mein Ball zeigt, was er kann,
hüpft hoch wie ein Mann,
dann hoch wie eine Kuh,
dann hoch wie ein Kalb,
dann hoch wie eine Maus,
dann hoch wie eine Laus,
dann ruht er sich aus.

Josef Guggenmos

1. Lies das Gedicht und schreibe es sauber ab.

2. Male neben die Zeilen passende Bilder.

3. Lies jede Zeile noch einmal laut.

4. Sage jede Zeile noch einmal aus dem Kopf.
   Denke dabei an die Bilder.

❶ Lerne das Gedicht auswendig.

Das Wiesel

S. 80

H	Ein Wiesel ist ein Haustier.
P	Ein Wiesel ist ein Raubtier.
E	Ein Wiesel wird so groß wie ein Hund.
I	Ein Wiesel wird so groß wie ein Kater.
R	Ein Wiesel wird meistens nur 13 bis 15 Monate alt.
S	Ein Wiesel wird meistens 5 Jahre alt.
A	Ein Wiesel lebt am Wasser.
I	Ein Wiesel lebt am Waldrand.

❶ Schreibe die richtigen Sätze auf.

www.blinde-kuh.de

www.milkmoon.de

❷ Was weißt du noch über Wiesel?

Ein Plakat gestalten

Mit einem Plakat könnt ihr anderen Kindern zeigen, was ihr über ein Tier oder eine Sache herausgefunden habt.

Zuerst müsst ihr entscheiden, worüber euer Plakat informieren soll. Informationen findet ihr in Büchern oder im Internet.

Damit euer Plakat schön aussieht und neugierig macht, müsst ihr Bilder ausschneiden und malen.

Am Schluss klebt ihr die Bilder und Fotos auf ein großes Blatt und schreibt etwas dazu.

Lotta und Maro haben ein Plakat über Wiesel gemacht.

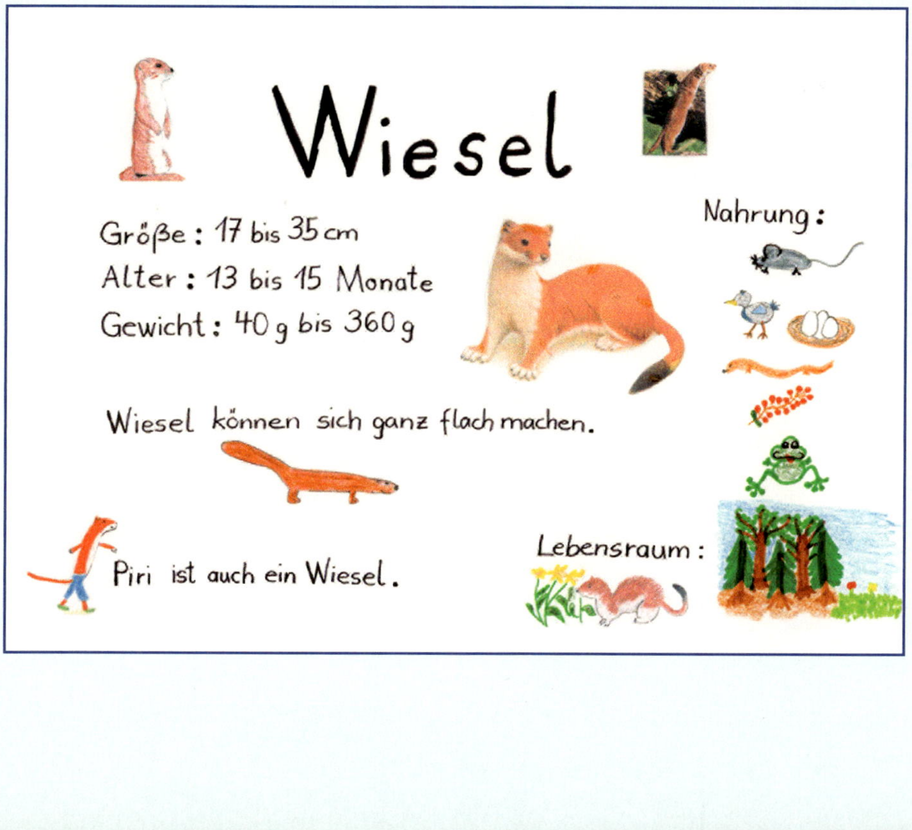

Geschichten und Märchen

A-Z

Ä ä

Oma erzählt Märchen

Oma ist da.

Maro und Lukas haben sich schon lange darauf gefreut. Oma kennt viele Spiele und macht gern Späße.

Am schönsten ist es aber, wenn Oma anfängt zu erzählen.

Oma kennt alle Märchen.

Maro und Lukas hören am liebsten das Märchen Rotkäppchen.

der Ball – die Bälle erzählen

X x 

Oma kann ihre Stimme ändern.

Manchmal glaubt Maro, der Jäger, Rotkäppchen und der böse Wolf sind bei ihnen im Zimmer.

Heute erzählt Oma das Märchen Hänsel und Gretel.

Als die böse Hexe kommt, kuschelt sich Lukas ganz eng an Maro.

Am Ende ist Lukas froh. Die Hexe fällt in den Ofen. Hänsel und Gretel gehen wieder nach Hause.

die Hexe mixen

Qu qu

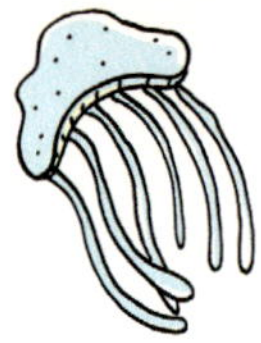

Märchen-Quartett

Maro, Lotta, Nena und Otto spielen Quartett.
Lukas quengelt.
Er will auch mitspielen.
Maro fragt: „Nena, hast du das Tier,
das auf dem Brunnen hockt und quakt?“
„Frag doch lieber Lotta“, ruft Lukas.
„Lukas, du Spielverderber!“, ruft Otto.
Immer quatscht Lukas dazwischen.

das Quadrat quaken

V v  

Märchenparty

Nena hat viele Kinder eingeladen.
Alle sollen aussehen wie im Märchen.
Nena verkleidet sich als Hexe.
Sie setzt einen spitzen Hut auf
und zieht einen langen Rock an.
Nun braucht sie nur noch einen Besen.
Da kommen schon die ersten Gäste.
Nenas Freundin Valerie hat kein Kostüm.
Zusammen suchen sie in Nenas Verkleidungskiste.
Valerie probiert einen violetten Spitzenrock.
Sie dreht sich vor dem Spiegel. Der Rock passt gut.
Ist sie eine Fee oder eine Prinzessin?

der Vogel verkleiden

C c  

Computer

Früher waren Computer
fast so groß wie ein Zimmer
und so schwer
wie fünf kleine Elefanten.

Heute können sie
auf dem Schreibtisch stehen,

oder man kann sie sogar
in einer Tasche tragen.

der Computer

-tz 

Internet

Lotta möchte mehr über Katzen wissen,
denn sie will eine Katzengeschichte schreiben.
Im Internet sucht sie Informationen.

die Katze putzen

Peter und der Wolf

Eines Tages öffnete Peter die Gartentür.

Auf einem Baum saß sein Freund, der Vogel. Unten im Teich schwamm eine Ente.

Der Vogel und die Ente stritten sich.

„Was bist du für ein Vogel, wenn du nicht fliegen kannst“, rief der Vogel.

„Was bist du für ein Vogel, wenn du nicht schwimmen kannst“, quakte die Ente.

Die Katze kam. Sie schlich um den Baum herum und wollte den Vogel fangen.

Großvater schimpfte mit Peter: „Du hast das Tor offen gelassen, wenn nun der Wolf aus dem Wald kommt!“

Aber da war es schon zu spät. Der große, graue Wolf war aus dem Wald gekommen.

„Passt auf!“, rief Peter. Die Katze kletterte auf den Baum.

Der Vogel flog in die Luft.

Die Ente sprang vor Angst aus dem Wasser und da packte sie der Wolf und schlang sie hinunter.

Schnell holte Peter ein Seil, machte eine Schlinge und fing den Wolf. Der Vogel half ihm dabei. Die Jäger kamen aus dem Wald. „Nicht schießen!“, rief Peter. „Wir haben ihn schon gefangen.“

Dann brachten sie den Wolf in den Zoo.

nach dem musikalischen Märchen von Sergei Prokofjew

- Lest den Text. Wer liest was?
- Spielt die Geschichte.

Anton kann zaubern

Da kommt Anton.

Anton hat einen Zauberhut.
Einen echten.

Jetzt will Anton zaubern.
Er will etwas wegzaubern.
Den Baum.

Anton guckt den Baum an.
Dann zaubert Anton.
Komisch, der Baum ist noch da.
Vielleicht ist der Baum zu groß.

Da ist ein Vogel. Der ist kleiner.

Anton zaubert.
Der Vogel ist weg.
Anton kann zaubern.

Da kommt Lukas.
„Ich kann zaubern“, ruft Anton.

„Kannst du nicht“, sagt Lukas.
„Kann ich doch“, sagt Anton.
„Kannst du nicht“, sagt Lukas.
„Ich zauber dich weg!“, sagt Anton.

Anton zaubert.
Lukas ist weg.
Anton hat Lukas weggezaubert.
Aber Lukas soll nicht weg sein.

Anton will Lukas wieder herzaubern.
Aber das ist nicht Lukas.
Oder doch?
„Bist du das, Lukas?“
Lukas soll nicht wegfliegen.

Da kommen die Mädchen. Und Lukas.
Gretas Vogel ist weg.
Nina hilft suchen. Lukas auch.
„Ich zauber den Vogel wieder her“, sagt Anton.
„Ha, ha“, sagt Lukas.

Dann zaubert Anton. Der Vogel ist wieder da.

Anton kann zaubern.

Ole Könnecke

Die Einladung

Maro hat bald Geburtstag.
Er schreibt die Einladung auf dem Computer.

So Einladung

oder so **EINLADUNG**

oder so? ***Einladung***

- Entwirf eine Einladung für ein Sommerfest, eine Märchenparty, eine Grillparty…

Die Glücksfee

Es gibt auf der ganzen Welt viele Glücksfeen. Pistazia war die Allerbeste. Sie wohnte mit dreiundzwanzig anderen Feen unterm Dachstuhl einer Kirche.

Eines Nachts ließ Tusnelda Pistazia zu sich rufen. Tusnelda war die Chefin, weil sie die Dickste war. So ist das bei den Feen: Die Dickste hat zu bestimmen.

„Pistazia“, sagte Tusnelda, „es gibt Arbeit für dich.“ Auf der Leinwand erschien das Bild eines Jungen. „Das ist Lukas Besenbein“, erklärte Tusnelda. „Sechs Jahre alt. Hat ständig schlechte Laune. Der Junge versteht nicht das Geringste vom Glücklichsein. Schlimmer Fall“, sagte Tusnelda.

„Braucht dringend ein paar Nachhilfestunden. Hier ist seine Adresse.“ „Bin schon weg!“, rief Pistazia und flog los.

Cornelia Funke

- Wird Pistazia es schaffen, Lukas glücklich zu machen? Erzähle weiter.

So finde ich Wörter in der Wörterliste

Kennst du das Abc?

A B C D E F G

H I J K L M N O P

Q R S T U V W X Y Z

Wörter sind in der Wörterliste nach dem Abc geordnet. So findet man sie schneller.

1. Sprich dir das Wort vor. Merke dir den Anfangsbuchstaben.

2. Überlege, wo der Anfangsbuchstabe im Abc steht.
   Am Anfang?
   In der Mitte?
   Am Ende?

3. Suche das Wort.

4. Lies das Wort und schreibe es in dein Heft.

ABC-Lied

Text: Rüdiger Urbanek
Musik: traditionell

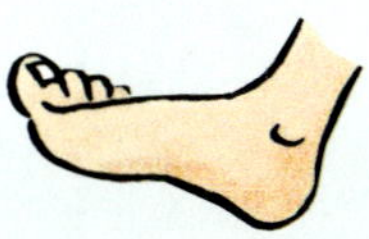

Fuß

Hund

Mond

1 Suche in der Wörterliste.
Wie heißt das Wort davor? Schreibe in dein Heft.

Schlange

Dose

Puppe

2 Welches Wort ist in der Wörterliste zuerst zu finden? Schreibe die Wörter richtig geordnet in dein Heft.

Kurze Sätze – lange Sätze

Lot

Lotta

Lotta lacht.

So ein Quatsch

Die Katze	flattert	über den Teich
Peter	schleicht	am Ufer entlang
Die Ente	hüpft	durch den Garten
Der Vogel	watschelt	durch das Gras

❶ Bilde immer zwei Sätze. Schreibe sie in dein Heft.

Peter hüpft.

Peter hüpft durch den Garten.

Rätsel S. 111

❶ Wer ist Tusnelda?

Anton kann zaubern S. 108/109

Anton hat einen Zauberstab.
Anton hat einen Zauberhut.

Vielleicht ist der Baum zu groß.
Vielleicht ist der Baum zu dick.

Ninas Vogel ist weg.
Gretas Vogel ist weg.

❷ Schreibe die richtigen Sätze in dein Heft.

Das Jahr

Erst weiß wie Schnee,
dann grün wie Klee,
dann rot wie Blut,
schmeckt allen Kindern gut.

Hallo, hallo, schön, dass du da bist

Text und Melodie: Andreas Hantke

Meine Schultüte

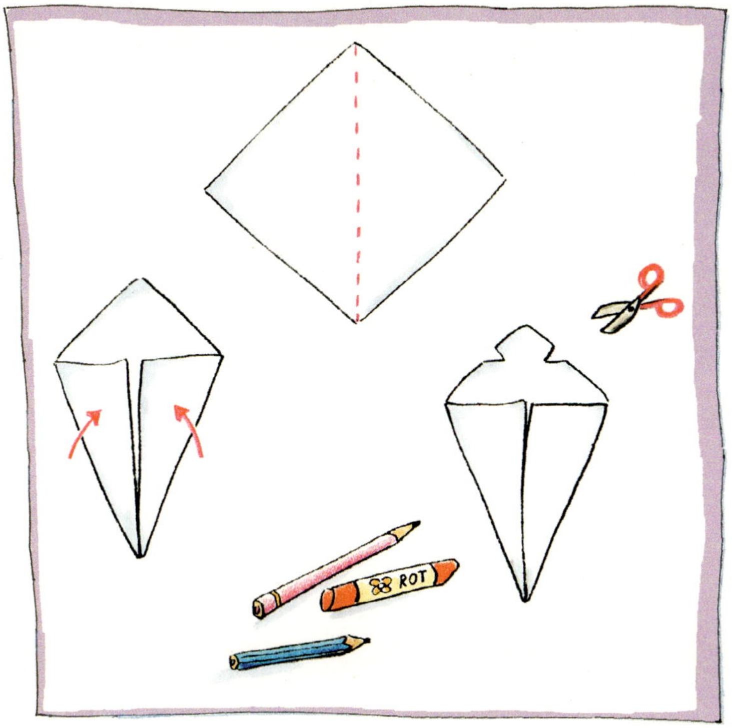

Lotta hat Geburtstag

Melodie nach einem Österreichischen Volkslied aus dem 19. Jahrhundert
Text nach Paula Dehmel

2. Guckt das Eichhörnchen runter
Wenig Zeit, wenig Zeit!
Guten Morgen, liebe Lotta,
Dein Geburtstag ist heut.

3. Kommt das Häschen gesprungen,
Machet Männchen vor Freud:
Guten Morgen, liebe Lotta,
Dein Geburtstag ist heut.

4. Steht der Kuchen auf dem Tische,
macht sich dick, macht sich breit:
Guten Morgen, liebe Lotta,
Dein Geburtstag ist heut.

5. Und der Vater und die Mutter,
Alle Kinder, alle Leut
Rufen: Hoch, liebe Lotta,
Dein Geburtstag ist heut.

- Wann hast du Geburtstag? Male ein Bild von dir. Klebe es auf ein Monatsblatt.
- Wie feiert ihr in der Klasse Geburtstag?
- Erzähle, wie du zu Hause feierst.

Es gibt so Tage

…da wacht man auf,
hört Musik
und fängt an zu tanzen.
Jeder, der dich sieht,
denkt, du bist verrückt.

…da mag man
überhaupt nicht aufwachen.

…da wacht man auf,
die Sonne scheint,
und das Leben ist einfach wunderbar.
Die Welt lächelt dich an.

…da wacht man auf,
aber man lässt die Augen zu,
weil der Kopf noch
voll Traum ist.

…da wacht man auf
und kriegt alles,
was man sich schon ganz lange
gewünscht hat –
das ist dein Geburtstag.

Rätsel

Groß wie ein Haus,
klein wie eine Maus,
spitz wie ein Igel,
glatt wie ein Spiegel.
Was ist das?

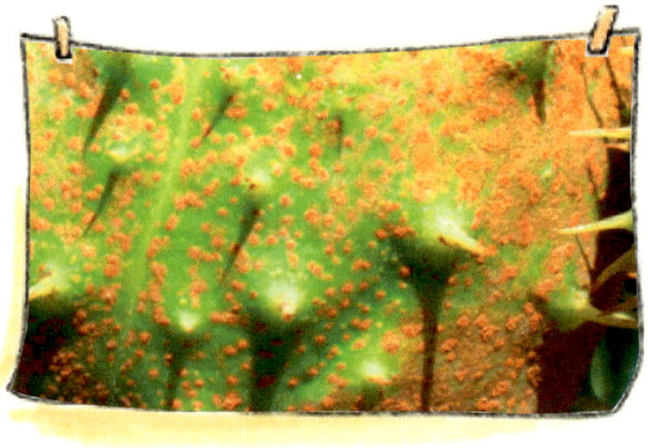

Im Herbst

Alle waren im Wald.
Sie haben viel gesammelt.
Nun machen sie eine
Ausstellung.

- Was findest du?
- Lege eine Sammlung an.
  Du kannst alleine oder mit einem Partner arbeiten.
- Zeige sie den anderen.

Ratschlag im November

Wer klug ist, hat sich eingerollt
Und schläft in seinem Bau.
Wer jetzt noch draußen tobt und tollt,
Der ist gewiss nicht schlau.
Der Wald ist kahl. Die Welt ist kalt.
Und jetzt ist der gescheit,
Der still in seinem Bau im Wald
Verschläft die kalte Zeit!

Jerzy Ficowski

Vorfreude

Nenas Schuhe sind ganz sauber.
Sie stellt sie vor die Tür.
Morgen ist der 6. Dezember.

Der heilige Nikolaus

Nikolaus lebte vor vielen Jahren.
Er war Bischof in Myra.
Das liegt heute in der Türkei.
Nikolaus stand Menschen bei,
die Hilfe brauchten,
besonders den Seeleuten und den Kindern.
Man erzählt, dass er drei Töchtern
seines armen Nachbarn
Säckchen mit Gold gab,
damit sie heiraten konnten.

Der Bart ist ab

Eine klitzekleine Laus
sitzt im Bart vom Nikolaus.

Sie zwickt ihn da
und zwackt ihn dort,
will er sie packen,
hüpft sie fort.

Da schimpft der alte Nikolaus
auf diese freche kleine Laus.

Er geht ins Bad
macht schnipp und schnapp!
Die Laus erschrickt,
der Bart ist ab.

Manfred Mai

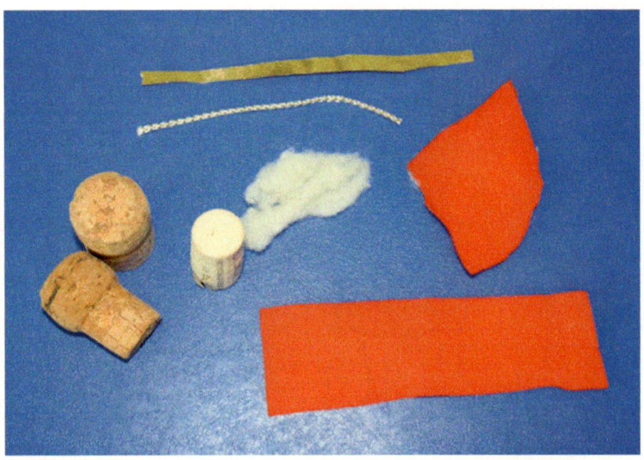

Weihnachten

Christkind ist da,
sangen die Engel im Kreise
über der Krippe
immerzu.
Der Esel sagte leise:
I – a
und der Ochs sein Muh.
Der Herr der Welten
ließ alles gelten.
Es dürfen auch nahen
ich und du.

Josef Guggenmos

Der Schneesturm

Alles ist tief verschneit.
Manuel und Didi gehen
ein Stück ins Gebirge hinauf.
Sie wollen Brennholz holen.

Die Mäuse werden von einem
Schneesturm überrascht.
Zum Glück finden sie eine Hütte,
in der sie Schutz suchen können.

Der Wind bläst immer stärker!
Die kleine Hütte wackelt
bedenklich!

Und dann passiert es!
Der Sturm packt die Hütte
mitsamt den Mäusen und
reißt sie mit sich fort.

Die Holzhütte wird genau
gegen das Mäusehaus getragen.
Krachend prallt sie
an die Hauswand.

Manuel und Didi ist
nichts geschehen.
„Siehst du, Didi“ sagt Manuel.
„Jetzt haben wir sogar Brennholz
für den Rest des Winters!“

Erwin Moser

Der Garten

Frosch war in seinem Garten. „Hallo, Frosch!“, rief Kröte. Dein Garten ist wunderschön.“ „Ja“, antwortete Frosch. „Aber er macht auch sehr viel Arbeit.“

„Ich hätte auch gern einen Garten“, sagte Kröte. Da schenkte Frosch ihr ein paar Samen. „Steck sie in die Erde. Dann wachsen bei dir auch bald Blumen.“

Kröte rannte heim und steckte die Samen in die Erde. „Jetzt müsst ihr aufgehen!“, sagte sie zu den Samen… „He, Samen, ihr sollt aufgehen!“ Aber es kam nichts heraus. Kein einziges grünes Spitzchen. Kröte versuchte es noch einmal. Sie schrie so laut sie konnte: „Ihr sollt aufgehen!“

Frosch kam angerannt… „Wenn du so schreist“, sagte Frosch, „fürchten sich die Samen und bleiben in der Erde.“ „Sie fürchten sich?“, fragte Kröte. „Meinst du wirklich?“

„Klar“, sagte Frosch. „Lass sie ein paar Tage in Ruhe. Warte, bis die Sonne auf sie scheint. Warte bis der Regen auf sie fällt. Dann gehen sie auf.“

Aber Kröte war ungeduldig. In der Nacht schaute sie nach ihrem Beet. „Verflixt“, sagte sie. „Sie gehen nicht auf. Vielleicht fürchten sie sich im Dunkeln.“ Sie zündete Kerzen an für die Samen.

Sie holte ein Buch und las ihnen eine Geschichte vor. „Ihr braucht euch nicht zu fürchten“, sagte sie zu den Samen.

Am nächsten Tag sang Kröte den Samen alle Lieder vor, die sie kannte.

Einen Tag später las Kröte den Samen Gedichte vor.

Am dritten Tag spielte Kröte für ihre Samen Geige.

Aber alles war vergebens. Die Samen gingen nicht auf. „Was ist nur los?“, jammerte Kröte. „Die fürchten sich aus der Erde zu kommen. So ängstliche Samen hab ich noch nie gesehen.“

Kröte wurde müde und schlief ein. Lange schlief sie. Bis Frosch kam und rief: „Kröte, Kröte, wach auf! Schau mal, was da wächst!“

„Joi!“, rief Kröte. „Meine Samen! Endlich sind sie aufgegangen.“ „Jetzt hast du auch einen schönen Garten“, sagte Frosch. „Ja“, sagte Kröte. „Aber ich habe schwer dafür gearbeitet.“

Arnold Lobel

Garten im Karton

Bald kannst du ernten.
Setze einen Hasen ins Beet
oder lege ein paar Eier hinein.

Das ist eine hübsche
Osterdekoration.

Für ein Osterfrühstück brauchst du:
Vollkornbrot,
1 Schälchen Quark,
gekochte Eier in Scheiben,
Butter,
etwas Salz,
Kresse.

- Sät in der Klasse Kresse aus.
- Plant ein Osterfrühstück. Was soll jeder mitbringen?

Ga von mi

Text und Melodie:
trad./Deutschland

Hochdeutsche Übertragung:
Geh von mir, geh von mir,
ich mag dich nicht seh'n.
Komm zu mir, komm zu mir,
ich bin so allein.
Rudirallalala…
Ich hab eine/n andre/n
und die/der ist so schön.

Rosenwind

Paul Klee, Rosenwind

● Paul Klee hat dieses Bild gemalt. Wie malst du Wind?

Sommerwind

Seht doch nur, die Wiese
wird vom Wind gekämmt.
Auf der Wäscheleine
flattert Vaters Hemd.
Fensterflügel klappern,
Flaschen fallen um,
und das Windrad dreht sich
immer rundherum...

Seht doch nur, die Liese
tanzt jetzt auf der Wiese!

Georg Bydlinski

- Male ein Bild zum Gedicht.

Schifflein auf dem Bach

Ein hübsches Schifflein
bauten wir,
ein schneeweißes Schifflein
aus Papier.

Ist es auch klein,
so schwimmt es doch.
Es schwimmt auf dem Bach
fährt immer noch.

Und kommt es nicht weit:
Ein kleines Stück
erlebte es
das Seefahrerglück.

Josef Guggenmos

- Probiere aus, was schwimmen kann.
- Kann Knete schwimmen?

Ein Schiff falten

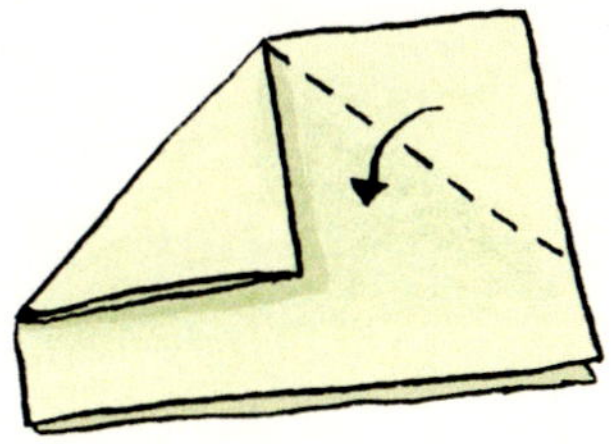

Nimm ein Rechteck. Falte einen Hut.

Lege die Spitzen
übereinander zum Quadrat.

Biege die Spitzen nach oben.

Lege wieder die Spitzen
übereinander zum Quadrat.

Ziehe oben die losen Spitzen
auseinander.

Nun kann dein Schiff schwimmen.

Wörterliste

A

aber
alle

B

der Ball, die Bälle
das Bein, die Beine
das Buch, die Bücher
bunt

C

der Computer, die Computer

D

die Dose, die Dosen

E

der Eimer, die Eimer
ein, eine
erzählen, er erzählt

F

die Farbe, die Farben
der Freund, die Freunde
der Fuß, die Füße

G

geben, er gibt
die Gurke, die Gurken

H

haben, er hat
die Hexe, die Hexen
der Hund, die Hunde

I

ich
ist

J

jeder
der Juli

K

die Katze, die Katzen
die Klasse, die Klassen
kommen, er kommt
der König, die Könige
können, er kann

L

das Lama, die Lamas
lesen, er liest

M

machen, er macht
mit
mixen, er mixt
der Mond, die Monde
müssen, er muss

N

der Name, die Namen

O

die Oma, die Omas

P

das Pferd, die Pferde
pflegen, er pflegt
die Puppe, die Puppen
pusten, er pustet
putzen, er putzt
die Pyramide, die Pyramiden

Qu

das Quadrat, die Quadrate
quaken, er quakt

R

der Roller, die Roller
rufen, er ruft

S

die Schlange, die Schlangen
schreiben, er schreibt
die Schule, die Schulen
sie
singen, er singt
der Sommer, die Sommer
das Spiel, die Spiele
spielen, er spielt
der Stock, die Stöcke
süß

T

der Teddy, die Teddys
das Tier, die Tiere
das Tor, die Tore
der Traum, die Träume
träumen, er träumt

U

üben, er übt
und
unter

V

sich verkleiden, er verkleidet sich
der Vogel, die Vögel

W

wackeln, er wackelt
das Wiesel, die Wiesel
wollen, er will
der Wunsch, die Wünsche

Z

der Zahn, die Zähne
ziehen, er zieht
der Zucker

Leselexikon

Bischof

Ein Bischof ist ein hoher Priester oder Pfarrer in den christlichen Kirchen. Er kümmert sich um viele Gemeinden und sorgt dafür, dass alles in Ordnung ist.

In der evangelischen Kirche können auch Frauen Bischöfin werden.

Down-Syndrom

Mit dem Down-Syndrom wird man schon geboren. Es ist keine Krankheit.
Kinder mit Down-Syndrom lernen nur langsamer und sehen etwas anders aus, so wie Laura oder Lukas. In unserem Körper bestimmen kleine Teile, welche Haarfarbe und Augenfarbe wir haben. Von diesen kleinen Teilen haben Kinder wie Laura und Lukas eins zuviel.

Eukalyptusbaum

Der Eukalyptusbaum wächst in Australien.

Koalas mögen die Blätter des Baumes sehr gern.
Eukalyptusbäume können sehr groß werden.

Man kann Öl aus dem Eukalyptusbaum gewinnen.
Das Eukalyptusöl macht manche Bonbons scharf und frisch.

Globus

Ein Globus ist eine verkleinerte Nachbildung unserer Erdkugel.

Parade

Parade ist ein Aufmarsch vieler Menschen.
Wenn die englische Königin Geburtstag hat, gibt es eine Geburtstagsparade des Militärs.
Auch andere fröhliche Umzüge, nennt man Parade: Love-Parade, Parade der Kulturen.
Die Wagen sind geschmückt und Musikkapellen marschieren mit.
Der Schützenausmarsch in Hannover ist die längste und größte Parade der Welt.

Quellenverzeichnis

S. 14 Georg Bydlinski: Guten Tag. Aus: Georg Bydlinski. Wasserhahn und Wasserhenne. Gedichte und Sprachspielereien. Dachs Verlag. Wien 2002.
S. 16/17 David McKee: IMMER ELMAR! Thienemann Verlag. Übers.: Elisabeth Sauerwald. Stuttgart, Wien 1993.
S. 32 Stephanie Kollatz-Block: Maro malt Unsinn. – Originalbeitrag.
S. 33 Josef Guggenmos: Ein Hase, der gern Bücher las. Aus: Das Buchstaben-Bilderbuch. 2.Aufl. C.Bertelsmann Verlag GmbH. 1991.
S. 36/37 Mira Lobe: Das kleine ICH BIN ICH. 27.Aufl. Jungbrunnen. Wien, München 2002.
S. 50 Gisela Hundertmark: Unsere Träume. – Originalbeitrag.
S. 51 Max Bolliger: Im Zauberwald. Aus: Hinter den sieben Bergen. Echter. Würzburg 1995.
S. 52 Gisela Hundertmark: Dein Jo-Jo oder mein Jo-Jo? – Originalbeitrag.
S. 53 Sylvia Keyserling: Stinktier-Gedicht. Aus: Mücki und Max. Universum Verlagsanstalt GmbH KG. Wiesbaden. Ausgabe 7-8, 1996.
S. 54/55 Erhard Dietl: Träumst du auch von einem Freund... Thienemann Verlag. Stuttgart, Wien 1996.
S. 68 Volksgut und Originalbeiträge von Gisela Hundertmark.
S. 69 Astrid Lindgren: Pippi in Taka-Tuka-Land. Übers. von Cäcilie Heinig. Verlag Friedrich Oetinger. Hamburg 1986.
S. 70 Michael Foremann: Ein Himmel. Übers. von Brigitte Fleissner. Aus: Unsere Welt für alle. Lentz Verlag. München 1990.
S. 71 Florence Cadier / Stephane Girel: Ich bin Laura. Ein Mädchen mit Down-Syndrom erzählt. Übers. von Wilhelm Topsch. Verlag Friedrich Oetinger. Hamburg 2002.
S. 72/73 Olaf und Lena Landström: Nisse geht zur Post. Verlag Friedrich Oetinger. Hamburg 1994.
S. 87 Josephine Hirsch: Die Muschel hat das Meer gefangen. Aus: „Das Knusperhaus". Herder & Co. Wien 1988.
S. 88 Alfred Könner: Das leise Gedicht. Aus: Christa Holtei. ABC-Suppe und Wortsalat. Patmos Verlag GmbH & Co. KG/ Sauerländer Verlag. Düsseldorf 2006.
S. 90/91 Christa Wisskirchen: Die Theaterkatzen. Aus: „Spielen und lernen". Jahrbuch 1992. Velber Verlag GmbH.
S. 92/93 Liane Schneider: Conni lernt reiten. Carlsen Verlag GmbH. Hamburg 1998.
S. 94 Josef Guggenmos: Mein Ball. Aus: Ich will dir was verraten. Beltz & Gelberg. Weinheim, Basel 1992.
S.106/107 © Abdruck mit freundlicher Genehmigung des MUSIKVERLAGES HANS SIKORSKI, Hamburg.
S.108/109 Ole Könnecke: Anton kann zaubern. Carl Hanser Verlag. München, Wien 2006.
S. 111 Cornelia Funke: Die Glücksfee. S. Fischer Verlag GmbH. 2.Aufl. Frankfurt am Main 2006.
S. 112 ABC-Lied. Melodie: überliefert. Text: Rüdiger Urbanek (Gelsenkirchen) © Bildungshaus Schroedel Diesterweg Bildungsmedien GmbH & Co.KG.
S. 117 Wolfdietrich Siersleben: Rätsel. Aus: Wolfdietrich Siersleben. Gleich und ungleich, viel und mehr. Velber Friedrich 1970.
S. 118 Hallo, hallo, schön, dass du da bist. Text und Melodie: Andreas Hantke © Evangelischer Presseverband, München.
S. 120 „Kräht der Hahn früh am Morgen" nach Paula Dehmel zur Melodie von „Kommt ein Vogel geflogen" (So viele Tage, wie das Jahr hat. Bertelsmann. München 1971.).
S. 121 Margarete Lochner: Es gibt so Tage. Verlag an der Este. Buxtehude 1989.
S. 122 Volksgut.
S. 124 Jerzy Ficowski: Ratschlag im November. Aus: Jerzy Ficowski. Kalenderreigen. Bearb. von James Krüss. Betz Verlag. München 1967.
S. 126 Manfred Mai: Der Bart ist ab. Aus: Kunterbunte 1,2,3 Minutengeschichten. Ravensburger Buchverlag 2006.
S. 127 Josef Guggenmos: Weihnacht. Aus: Und mittendrin der freche Hans. Gedichte für Grundschulkinder. Cornelsen 1993.
S. 128/129 Erwin Moser: Der Schneesturm/Die Schneekatze. Aus: Erwin Moser, Manuel & Didi. Das große Buch der kleinen Mäuseabenteuer. Beltz & Gelberg. Weinheim, Basel 1994.
S. 130/131 Arnold Lobel: Das große Buch von Frosch und Kröte. Übers. von Tilde Michels. Deutscher Taschenbuch Verlag. München 1998.
S. 133 Text und Melodie: traditionell. Text aus: Bergmann/ Reusch: ... bis die Sohle fällt vom Schuh. Diesterweg 1982. Melodie aus: Gruppe Kunterbunt. Das Kunterbuch. Eres Verlag 1989.
S. 135 Georg Bydlinski: Wasserhahn und Wasserhenne. Gedichte und Sprachspielereien. Dach Verlag. Wien 2002.
S. 136 Josef Guggenmos: Schifflein auf dem Bach. Aus: Hans-Joachim Gelberg. Überall und neben dir. Gedichte für Kinder. Beltz Verlag 1994.

Bildverzeichnis

S. 4 Maro © Klett-Archiv, Familie Ringler (Einbeck).
S. 4 Geburtstagskarte © Stock Food, München.
S. 5 Lotta mit Puppe und Oma mit Nena © Klett-Archiv, Andreas Klingebiel, www.pixlux.de.
S. 5 Kind im Wasser © JupiterImages (RF), Tucson, AZ.
S. 5 Ansichtskarte Heringsdorf: www.hartung-edition.de, Photo: Wolf-Peter Espig.
S. 16/17 Originalillustrationen und Cover aus: David McKee, Immer Elmar! © 1991 by Thienemann Verlag (Thienemann Verlag GmbH), Stuttgart-Wien.
S. 18 Hand © Klett-Archiv, Andreas Teich, Berlin.
S. 22 Mama und Maro, Stuhkreis, Kinder am Tisch © Klett-Archiv, Andreas Klingebiel, www.pixlux.de.
S. 23 Eis © PantherMedia GmbH(M. Wein), München.
S. 23 Lesender Mann © 2:Klett-Archiv,Stuttgart.
S. 23 Im Buchladen © ullstein bild (Oberhäuser/Caro), Berlin.
S. 26 DVD-Cover: Urmel aus dem Eis (2007) © dfd Deutscher Fotodienst GmbH, Hamburg.
S. 26 DVD-Cover: Urmel aus dem Eis (2004) © Augsburger Puppenkiste – Urmel aus dem Eis von Max Kruse und Harald Schäfer, DVD 2004, Lighthouse Home Entertainment GmbH & Co.KG, Nortorf.
S. 27 Cover: Max Kruse, Urmel aus dem Eis (c) 1995 by Thienemann Verlag (Thienemann Verlag GmbH), Stuttgart-Wien.
S. 30 Klassenfoto © Klett-Archiv, Andreas Klingebiel, www.pixlux.de.
S. 31 Kleine Lotta © Klett-Archiv, Familie Kohrs (Einbeck).
S. 31 Foto von Lotta und Maro © Klett-Archiv, Andreas Klingebiel, www.pixlux.de.
S. 36/37 Cover und Originalillustrationen aus: Lobe/Weigel, Das kleine Ich bin ich © 1972 by Verlag Jungbrunnen Wien.
S. 48 Neil Armstrong, Cape Canavaral © Corbis (Bettmann), Düsseldorf.
S. 48 Neil Armstrong auf dem Mond © Süddeutscher Verlag (Röhnert), München.
S. 48 Planeten © ESA/ESOC, Darmstadt.
S. 49 Thomas Reiter © Picture-Alliance (dpa), Frankfurt.
S. 62 Ansichtskarte Türkei © Cagaloglu Yok. Cemal Nadir S Nur Han 2/4,34440 Cagaloglu-Istanbul/Türkei.
S. 63 Maro und Tülin © Klett-Archiv, Gerhard Hundertmark (Göttingen).
S. 64 Afrikanisches Mädchen © ullstein bild (Gerhard), Berlin.
S. 64 Chinesischer Junge © Mauritius (Botanica), Mittenwald.
S. 65 Russisches Mädchen © Mauritius (SuperStock), Mittenwald.
S. 65 Aborigine-Junge © Corbis (Souders), Düsseldorf.
S. 69 Cover: Astrid Lindgren, Pipi in Taka-Tuka-Land, Verlag Friedrich Oetinger, Hamburg 1986.
S. 71 Originalillustrationen und Cover: Florence Cadier/Stephane Girel, Ich bin Laura. Ein Mädchen mit Down-Syndrom erzählt. Übersetzt von Wilhelm Topsch, Verlag Friedrich Oetinger, Hamburg 2002.
S. 72/73 Originalillustrationen und Cover aus: Olaf und Lena Landström: Nisse geht zur Post. Verlag Friedrich Oetinger, Hamburg 1994.
S. 78 Wiesel © Alamy Images RM (Arco Images), Abingdon, Oxon.
S. 78/79 Tierfotos © pixelio media gmbh, München.
S. 80 Wiesel, aufrecht © Okapia (Derek Middleton/FLPA), Frankfurt.
S. 80 Wiesel, springend © Okapia (Manfred Danegger), Frankfurt.
S. 81 Fotos aus: Hanna Sörensen, Alles was dein Pony braucht (c) Carlsen Verlag GmbH, Hamburg 2007.
S. 83 Anaconda in Angriffsstellung © PantherMedia GmbH (RF), München.
S. 83 Anaconda mit Beute © blickwinkel (McPHOTO), Witten.
S. 83 Hundskopfboa © Fotosearch RF (Digital Vision), Waukesha, WI.
S. 92 Originalillustrationen und Cover aus: Liane Schneider/Eva Wenzel-Bürger, Conni lernt reiten © Carlsen Verlag GmbH, Hamburg 1998.
S. 104 Foto vom Z 1 © Deutsches Technikmuseum, Berlin.
S. 104 Mädchen am Computer © Fotolia LLC (RF/Jacek Chabraszewski), New York.
S. 104 Frau mit Laptop © Klett-Archiv, Stuttgart.
S. 108 Cover: Ole Könnecke, Anton kann zaubern, Carl Hanser Verlag, München Wien 2006.
S. 111 Originalillustrationen und Cover von Sybille Hein aus: Cornelia Funke, Die Glücksfee. S. Fischer Verlag GmbH, Frankfurt am Main 2003.
S. 119 Lotta © Klett-Archiv, Familie Kohrs (Einbeck).
S. 122 Kastanie © Okapia (Reinhard), Frankfurt.
S. 125 Nikolaus von Myra © Interfoto, München.
S. 126/127 Korkenmännchen © Klett-Archiv, Banse / Fricke-Cassuhn, Motivvorlage von C. Donth-Schäffer.
S. 128/129 Originalillustrationen aus: Erwin Moser, Der Schneesturm/Die Schneekatze, aus: Erwin Moser, Manuel & Didi, Das große Buch der kleinen Mäuseabenteuer © Beltz & Gelberg in der Verlagsgruppe Beltz, Weinheim & Basel.
S. 130/131 Arnold Lobel: Das große Buch von Frosch und Kröte. Illustrationen von Arnold Lobel. © des Sammelbandes: 1998 Deutscher Taschenbuch Verlag, München © der englischsprachigen Ausgabe: 1970, 1971, 1972, 1976, 1979 Arnold Lobel.
S. 134 Paul Klee, Rosenwind, 1922, 39, Ölfarbe auf Grundierung auf Papier auf Karton, 38,2 x 41,8 cm, Zentrum Paul Klee, Bern, Schenkung Livia Klee © VG Bild-Kunst, Bonn 2007. Foto: AKG, Berlin.
S. 140 Bischof © Picture-Alliance (Kay Nietfeld), Frankfurt.
S. 140 Bischöfin © Picture-Alliance (Peter Steffen), Frankfurt.
S. 140 Kind mit Down-Syndrom © Corbis (Grace/zefa), Düsseldorf.
S. 141 Eukalyptusbaum © Fotolia LLC (RF/stylekurve), New York.
S. 141 Globus: Avenue Images HmbH (Ingram).
S. 141 Parade © Picture-Alliance (RoyalPress Albert Nieboer), Frankfurt.

1. Auflage 1 6 5 4 3 2 | 2012 11 10 09 08

Alle Drucke dieser Auflage sind unverändert und können im Unterricht nebeneinander verwendet werden. Die letzte Zahl bezeichnet das Jahr des Druckes.

Internetadresse: www.klett.de

Erarbeitet von Cornelia Donth-Schäffer, Gisela Hundertmark, Stephanie Kollatz-Block
Wissenschaftliche Beratung: Prof. Dr. Cordula Löffler, Sybille Werner
Redaktion: Sandy Fricke-Cassuhn

Gestaltungskonzeption: sofarobotnik, Augsburg
Illustrationen/Piktogramme: Merle Bormuth-Bechthold, Lanz; Anke Fröhlich, Leipzig; Roman Lang, Stuttgart; Sandra Schmidt, Berlin
Umschlagillustration: Claudia Weikert, Wiesbaden
Herstellung: Sabine Banse
Druck: Offizin Andersen Nexö Leipzig GmbH, Zwenkau

Printed in Germany
ISBN: 978-3-12-300200-7

9 783123 002007

Piri Schreibtabelle